Mamá sueña con un Bichito de Luz

Judit Franch

LiberumVox
BOOKS

Publicado por Liberum Vox Books

Proyecto y realización: Liberum Vox Books
Texto e ilustraciones: Judit Franch

© 2018 para la edición en español Liberum Vox Books
www.liberumvoxbooks.com

Segunda edición
ISBN: 978-84-17193-00-3

DL B 15978-2018

IBIC: YFU; YXF; YXL

Quedan rigurosamente prohibidas, sin la autorización escrita de los titulares del copyright bajo las sanciones establecidas en las leyes, la reproducción parcial o total de esta obra por cualquier medio o procedimiento, comprendidos la reprografía y el tratamiento informático, y la distribución de ejemplares de ella mediante alquiler o préstamo públicos.

Cualquier forma de reproducción, distribución, comunicación pública o transformación de esta obra sólo puede ser realizada con la autorización de sus titulares, salvo excepción prevista por la ley. Diríjase a CEDRO (Centro Español de Derechos Reprográficos, www.cedro.org) si necesita fotocopiar o escanear algún fragmento de esta obra (www.conlicencia.com; 91 702 19 70 / 93 272 04 47).

*Para el
Bichito de Luz
que ilumina
el corazón de
mamá*

Hacía mucho tiempo que todas las noches, mientras dormía, un Bichito de Luz visitaba a mamá en sus sueños.

Mamá le decía:
"Tranquilo, todavía no es el momento... más adelante".

Pero el tiempo pasaba y el Bichito de Luz se impacientaba y era cada vez más insistente.
Mamá se hacía la distraída y le explicaba que había que esperar un poco más.

Hasta que una noche el Bichito ya cansado de esperar se puso a soplar. Primero sopló un poquito y mamá sintió un cosquilleo en la oreja, después otro poco más y mamá estornudó ***"¡Achís!"***. Entonces el Bichito, que ya estaba rojo de enojado, se infló bien de aire y soltó un soplido laaargo, laaargo, laaargo...

Mamá, que dormía, empezó a soñar que volaba y volaba cada vez más alto. Desde ahí arriba miró hacia abajo y todas las dificultades que parecían tan grandes ahora se veían pequeñas.

Mamá sintió una gran tranquilidad y se dio cuenta de que había llegado la hora de que el Bichito de Luz se convirtiera en un bebé.

Cuando esa mañana mamá se despertó estaba muy contenta y feliz. Ahora bien despierta, se dijo: *"Ha llegado la hora de que el Bichito de Luz se convierta en un bebé".*

Pero entonces pensó:
"¿Cómo podré hacerlo si estoy sola?"

Y enseguida se acordó de un artículo que había leído en el periódico sobre una doctora que ayudaba a las mamás que estaban solas a tener a su bebé.

De inmediato buscó en Internet el teléfono de la doctora y pidió una cita.

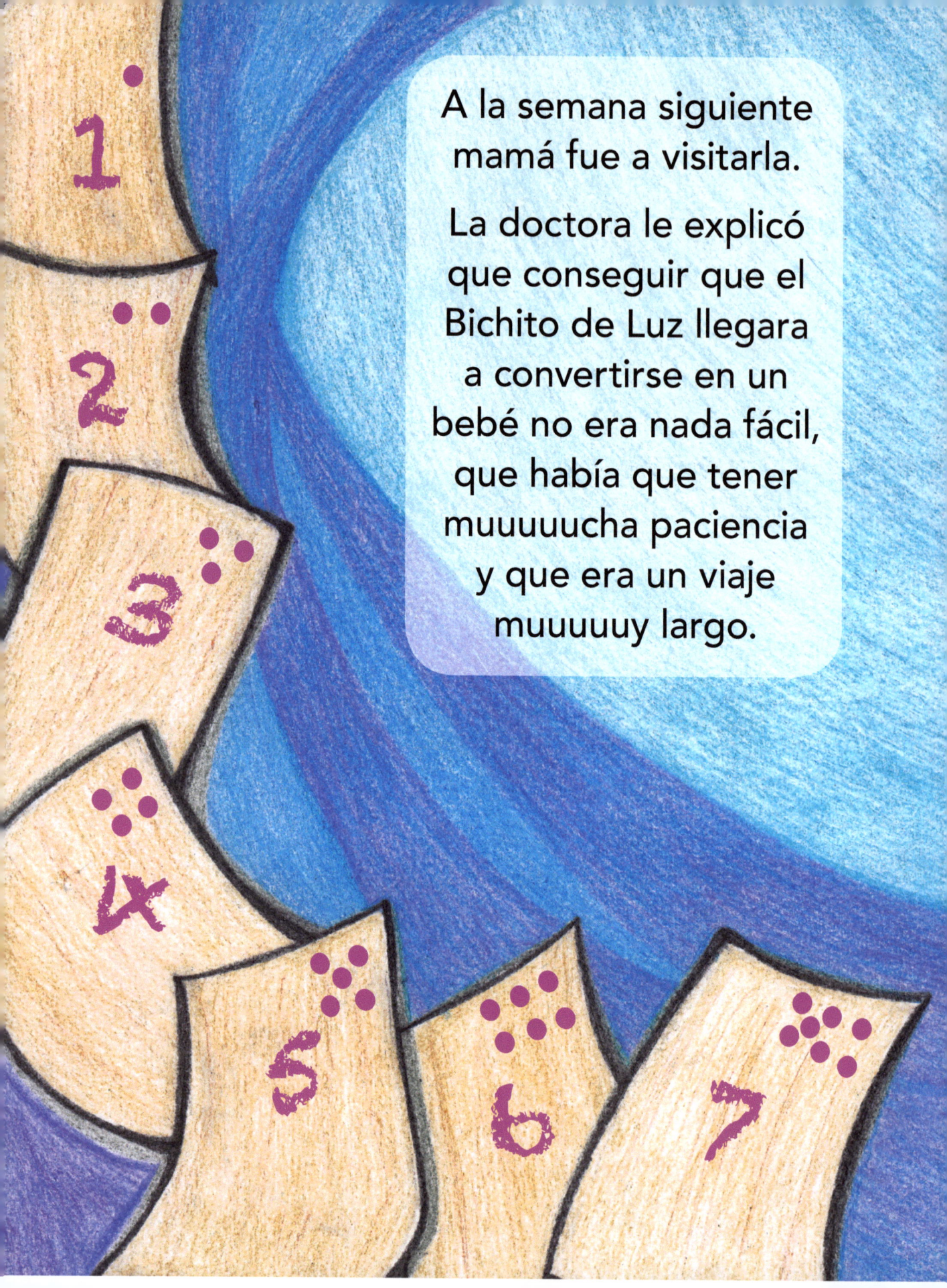

A la semana siguiente mamá fue a visitarla.

La doctora le explicó que conseguir que el Bichito de Luz llegara a convertirse en un bebé no era nada fácil, que había que tener muuuuucha paciencia y que era un viaje muuuuuy largo.

Mamá escuchó con mucha atención la explicación del médico, reflexionó durante unos segundos y dijo: "Conozco las dificultades que hay que superar pero estoy lista para iniciar el viaje".

Entonces la doctora se sonrió y le dijo a mamá que **para hacer un bebé hay que juntar dos partes**: una que se llama óvulo (lo tienen las mujeres) y la otra se llama espermatozoide (lo tienen los hombres).

Pero... ¿CÓMO SE HACE TODO ESO?

Con unas gotitas de tu sangre el Sr. Biólogo puede hacer todo eso.

Y luego agregó: *"En el Banco de Semen, que es el lugar donde los señores donantes dejan sus semillitas (los espermatozoides), seguro que **encontraremos la semillita justa para ti**".*

Después mamá volvió a visitar a la doctora que le explicó que hay varias maneras para que **se unan el óvulo con el espermatozoide.**
A esto lo llamamos fecundación.

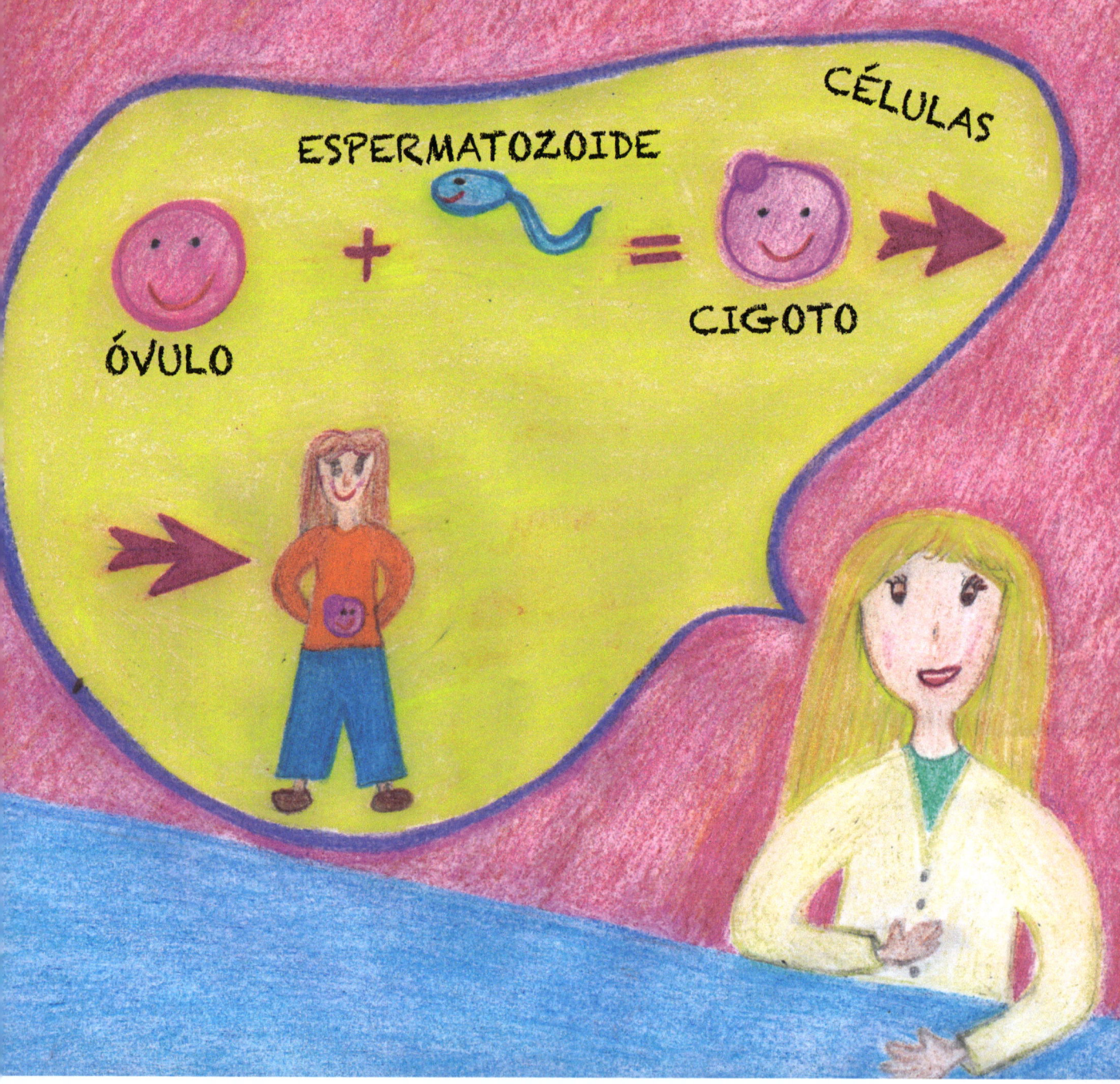

Le contó también cómo lo harían en su caso y que si todo salía bien se formaría un cigoto que se alojaría en su panza y allí crecería durante nueve largos meses...
¡Hasta que nace un bebé!

¿Y qué le pasó al Bichito de Luz?

¡Nació...

Mi foto

¡Y esta es mi familia!

www.ingramcontent.com/pod-product-compliance
Lightning Source LLC
Chambersburg PA
CBHW042052050526
44107CB00109B/1114